Wie viel *Schönheit*
empfängt das *Herz*
durch die *Augen!*
Leonardo da Vinci
AF217230

Tu deinem Leib des Öfteren etwas Gutes,
damit deine Seele Lust hat,
darin zu wohnen.
Teresa von Ávila

Seele der Provence

Zu Südfrankreich gehört der Lavendel mit seinen einzigartigen Farbspielen und dem unverwechselbaren Duft. Jean Giono nannte den Lavendel die „Seele der Provence". In der Region wird die Heilpflanze in großem Stil zur Gewinnung von Lavendelöl angebaut.

Pausen der Stille in meinem Leben,
ich brauche sie.
Sie helfen mir, Kräfte zu sammeln,
mich auf das Wesentliche zu besinnen,
zu mir selbst zu finden und –
Gott zu finden.
Anselm von Canterbury

Pflanzendüfte sind
wie Musik
für unsere Sinne.
Aus Frankreich

Lavendel

Lavendel erfreut sich großer Be-
liebtheit und wird mittlerweile
auf der ganzen Welt kultiviert.
Er blüht in unseren Breiten von
Juli bis August und verströmt
dabei seinen intensiven Duft.
Das ganze Jahr über parfümieren getrocknete Zweige das Haus.
Mit Lavendelöl kann der Duft
der Zweige verstärkt oder wieder aufgefrischt werden.

Die Freude steckt nicht in den Dingen,
sondern im Innersten unserer Seele.
Thérèse von Lisieux

Gönne dich dir selbst!
Tu es wieder einmal.
Sei wie für alle anderen Menschen
auch für dich selbst da.
Bernhard von Clairvaux

DUFTKISSEN

Getrocknete und in kleine Säckchen gefüllte Lavendelblüten
parfümieren die Wäsche im
Kleiderschrank. Legt man ein
mit Lavendel gefülltes Duft-
säckchen auf das Kopfkissen,
verhilft die beruhigende Wir-
kung des Lavendels auch zu
einem guten Schlaf.

Das Leben ist
wie Fahrrad fahren.
Um die Balance zu halten,
musst du
in Bewegung bleiben.

Albert Einstein

Möge das erste gute Wort,
das du am Morgen sprichst,
eine Brücke sein in den jungen Tag.
Irischer Segenswunsch

In der Küche

Lavendel findet besonders in der mediterranen Küche Verwendung. Gerichte wie Eintöpfe, Fisch, Geflügel und Lammfleisch sowie Suppen und Soßen werden mit den jungen Blättern und den weichen Trieben des Lavendels verfeinert.

Der Duft des Lavendels macht
die Augen klar.
Hildegard von Bingen

Die meisten *Menschen*
wissen gar nicht,
wie schön die *Welt* ist
und wie viel Pracht
in den kleinsten *Dingen*
sich offenbart.

Rainer Maria Rilke

Intensive Farbe

Lavendel mit seiner intensiven Farbe ist in jedem Garten eine Augenweide. Mohn, Sonnenblumen oder Rosen und Lavendel bieten einen wunderbaren Farbkontrast. Auch Lavendelöl lässt sich im Garten einsetzen: Es vertreibt ungebetene Ameisen auf umweltfreundliche Weise.

An einem schönen Tag im Schatten sitzen
und ins Grüne blicken
ist die beste aller Erquickungen.
Jane Austen

Schon ein ganz kleines Lied
kann viel Dunkelheit erhellen.
Franz von Assisi

Lavendel-
Macarons

Ein Klassiker der berühmten
französischen Gebäck-Kultur
sind Lavendel-Macarns. Zu
einer Tasse Tee oder Kaffee
schmecken die feinen Bai-
ser-Plätzchen besonders gut.
Lavendel-Macarons werden
mit einer Blütenauslese aus
Lavendel zubereitet.

Ruhe ist für die Seele der Anfang
der Reinigung.
Basilius der Große

Die wahren *Wunder* kommen leise daher.
Sie machen am *wenigsten* Lärm.
Antoine de Saint-Exupéry

TERASSENSCHMUCK

Lavendel ist zunehmend auch bei uns als Terrassenschmuck anzutreffen. Die frostharte Pflanze übersteht den Winter in Mitteleuropa an einer windgeschützten Stelle im Kübel meist ohne Probleme. Geschnittene Zweige eignen sich auch gut zum Abdecken von Rosen.

Sieh,
wie die Bäume, die Blumen,
das Gras in einer tiefen Stille
wachsen.
Mutter Teresa

In die kleinen Dinge
hat der liebe Gott
die großen Freuden
hineingelegt.

Honoré de Balzac

Tour de Lavendel

Auf vier Routen kann man durch die prachtvollen Lavendelfelder Südfrankreichs fahren. Man radelt auf kleinen Landstraßen durch die violette Landschaft der Provence und sucht sich ein Ziel aus: um Sault am Mont Ventoux herum, im Toulourenc-Tal, im Luberon oder in der Papst-Enklave.

Jeder Grashalm,
jedes Blatt,
jede einzelne Blüte
ist ein Zeichen der Hoffnung.
Richard Jefferies

Die Stunde ist *kostbar*.
Warte *nicht* auf eine spätere,
gelegenere *Zeit*.
Katharina von Siena

Süßspeisen mit Lavendel

Mit Lavendel verleihen Sie selbstgemachten Marmeladen, Dessertsaucen, Süßspeisen und Kuchen eine besondere Note. Die Lavendelblüten sollten dabei vorsichtig dosiert werden: auf ein Kilo Früchte maximal zwei Esslöffel getrocknete Blüten oder drei Zweige Lavendel.

Es gibt überall *Blumen* für den,
der sie sehen *will.*
Henri Matisse

Der Mensch braucht Stunden,

wo er sich sammelt

und in sich hineinlebt.

Albert Schweitzer

Artenvielfalt

Lavendel im Garten wirkt sich auch positiv auf die Vielfalt der Insekten aus. Die Blüten des Lavendels ziehen im Sommer Bienen, Schmetterlinge und andere Insekten an. So trägt der Anbau von Lavendel auch zum Erhalt der einheimischen Insektenvielfalt bei.

Das *Glück* besteht nicht darin,
wie viel wir *haben*,
sondern wie viel wir *genießen*.
Charles H. Spurgeon

Sich zu *entspannen* ist *besser*,
als *beschäftigt* zu sein.
Baltasar Gracián y Morales

LAVENDEL-LIMONADE

1 l Wasser, 250 g Kristallzucker und den Saft einer ausgepressten Zitrone in einen Topf geben, alles kurz aufkochen. 3 EL Lavendelblüten zufügen, verrühren. Den Saft erkalten lassen, dabei öfter umrühren. Anschließend durch ein feines Sieb gießen. Die Limonade in Gläser füllen, mit Mineralwasser aufgießen und mit Eiswürfeln genießen.

Bücher sind Schiffe,
welche die weiten Meere der
Zeit durcheilen.
Francis Bacon

Hab *Geduld* in allen *Dingen,*
vor allem aber mit dir *selbst.*
Franz von Sales

Pflegetipp

Lavendel braucht weder Dünger noch Kompost. Die Pflanze liebt mineralischen Boden. Zu viele Nährstoffe führen zu schnellem Wachstum des Lavendels und die Pflanzen blühen dann weniger stark und verlieren an Standfestigkeit. Nur bei anhaltender Trockenheit sollte man Lavendel gießen.

Wirkliches Glück
ohne Müßiggang
ist unmöglich.

Anton Tschechow

Die Augen
sind die Fenster
der Seele.
Hildegard von Bingen

LAVENDELÖL

Geben Sie in eine Flasche ein Drittel Lavendelblüten und zwei Drittel Speiseöl ohne starken Eigengeschmack wie z. B. Mandel-, Distel- oder Sonnenblumenöl. Die gut verschlossene Flasche dunkel lagern. Nach zwei bis drei Monaten erhalten Sie fertig aromatisiertes Öl.

Die Seele ernährt sich
von dem,
worüber sie sich freut.
Augustinus

Verschaff dir ein bisschen Stille
zum Wohle deiner Seele.
Papst Johannes Paul I.

TISCHDEKO

Kleine Töpfchen oder Marme-
ladengläser mit Lavendelzwei-
gen werden in der Tischmitte
aufgestellt. Die Zweige kann
man auch mit einem Bändchen
an den Servietten befestigen.
Kerzen bekommen durch ein
paar umgebundene Lavendel-
zweige eine originelle Note.

Manchmal ist das Wichtigste
am ganzen Tag die Pause,
die wir zwischen
zwei Atemzügen machen.
Etty Hillesum

Freude lebt von der Stille und
von der Unbegreiflichkeit.
Dietrich Bonhoeffer

LAVENDEL VERMEHREN

Lavendel lässt sich leicht vermehren. Einfach einen Zweig von einem verholzten Strauch abbrechen und in die Erde stecken. Meist treibt der Zweig ohne Zutun neue Wurzeln aus. Falls nicht, wählen Sie einen kräftigen Zweig aus und stellen ihn ein paar Tage ins Wasser.

Man muss dem Inneren
die entspannte Ruhe
zugestehen.
Johannes vom Kreuz

Abschalten, sich Zeit lassen.
Die Welt vergessen, glücklich sein.
Jeremy A. White

Badesalz
mit Lavendelblüten

Etwa 20 ml Alkohol (70 %, in der Apotheke erhältlich) mit zwei Teelöffeln Lavendelöl mischen und in ein Glas mit 500 g Speisesalz geben. Hinzu kommt noch ein Teelöffel Zimt. Das Gemisch unbedeckt stehen lassen, bis der Alkohol verdunstet ist. Nun kann das Salz als Badezusatz Verwendung finden.

Es ist die Aufgabe
eines jeden Menschen,
zu sich selbst zu kommen,
das innerste Wesen
seines Ichs
zu entdecken.

Edith Stein

Wo die Liebe den Tisch deckt,
schmeckt das Leben am besten.
Aus Frankreich

Lavendelwein

Ca. 25 g getrocknete Lavendelblüten mit ½ l Süßwein aufkochen, dann das Ganze 30 min ziehen lassen. Den Sud durch ein feines Sieb gießen und die Blüten ausdrücken. 8 EL Rohrzucker-Sirup und 150 ml Orangensaft unterrühren und zum Schluss mit einer Vanilleschote und einer abgeriebenen Orangenschale abfüllen.

Die innere Gelassenheit
erzeugt eine unzerstörbare Heiterkeit,
die sich wie eine Blüte entfaltet.
Papst Johannes XXIII.

Wenn man die Ruhe nicht in sich findet, ist es zwecklos, sie andernorts zu suchen.
François de La Rochefoucauld

Nach der Blüte

Lavendel sollte nach der Blüte erneut zurückgeschnitten werden. Meist blühen die Pflanzen dann noch ein zweites Mal, wenn auch weniger intensiv. Wer Rosen im Kübel kultiviert, dem sei eine Bepflanzung der Zwischenräume mit Lavendel empfohlen. Der Duft des Lavendels hält Schädlinge fern.

Man benötigt nur wenig,
um ein glückliches
Leben zu führen.
Marc Aurel

Bei Gott allein
kommt meine Seele zur Ruhe,
denn von ihm
kommt meine Hoffnung.
Psalm 62,6

Aktivierung der Abwehrkräfte

Mit Lavendelöl lassen sich— auch über die kalte Jahreszeit hinaus – die Abwehrkräfte aktivieren: Füllen Sie dazu einfach eine Duftlampe mit dem Öl. Der Duft beruhigt nicht nur, das ätherische Lavendelöl desinfiziert auch die Raumluft.

Schwing dich aus allem heraus,
was dich beengt!
Bettina von Arnim

In jeder Seele
gibt es eine Sehnsucht
nach Glück und Sinn.
Thomas von Aquin

Lavendelplätzchen

Lavendelblüten (1 TL) zerdrücken. 400 g Mehl, 200 g Butter, 100 g Zucker, 1 Prise Salz, 2 Eier und Abrieb einer halben Zitronenschale in eine Schüssel geben, durchkneten. Teig in Frischhaltefolie wickeln, 1 h im Kühlschrank ruhen lassen. Teig auf bemehlter Arbeitsfläche 5–8 mm dünn ausrollen. Kekse ausstechen und im vorgeheizten Backofen bei 180 °C ca. 8–12 min backen.

Gönn dir Zeit
für deine Seele
benno
Lavendel
für alle Sinne

Bibliografische Information der Deutschen Nationalbibliothek.
Die Deutsche Nationalbibliothek verzeichnet diese Publikation
in der Deutschen Nationalbibliografie; detaillierte bibliografische
Daten sind im Internet über http://dnb.d-nb.de abrufbar.

Besuchen Sie uns im Internet:
www.st-benno.de

Gern informieren wir Sie unverbindlich und aktuell auch in unserem
Newsletter zum Verlagsprogramm, zu Neuerscheinungen und Aktionen.
Einfach anmelden unter www.vivat.de.

ISBN 978-3-7462-6180-5

© St. Benno Verlag GmbH, Leipzig
Zusammenstellung: Dirk Klingner, Leipzig
Umschlaggestaltung: Ulrike Vetter, Leipzig
Gesamtherstellung: Arnold & Domnick, Leipzig (A)

Bildnachweis

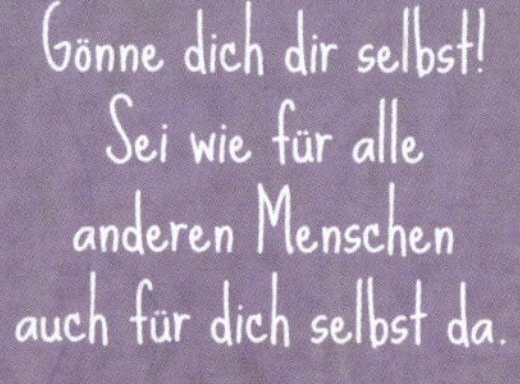

Einfach mal von der Hektik des Alltags abschalten – mit den stimmungsvollen Naturfotografien und inspirierenden Zitaten in diesem Aufsteller gelingt das. Impressionen aus der Provence, weite Lavendelfelder und zauberhafte Landschaften laden zum Träumen, Entspannen und Wohlfühlen ein. Außerdem finden Sie hier aber auch viele praktische Ideen und Impulse rund um den Lavendel: von Rezepten für Lavendel-Plätzchen oder Lavendel-Wein über Garten-Tipps zum Anbau der Pflanze bis hin zu Wellness-Ideen wie selbstgemachtes Lavendel-Badesalz. Eine Wohltat für Auge und Seele.

www.st-benno.de

978-3-7462-6180-5

benno